Ln. 11106.

NOTICE

SUR J. LAKANAL, *Membre de l'Institut national de France, et de plusieurs autres Sociétés savantes.*

> Nihil metuere, nisi turpem famam.
> — *Bell. Jugurth*

AVANT la révolution, J. Lakanal était membre de plusieurs sociétés littéraires, Docteur-ès-arts et Professeur de philosophie et de mathématiques au Collége de Moulins, capitale de la province du Bourbonnais.

Il avait auparavant professé pendant 14 ans, et l'on croit pouvoir dire avec quelque distinction, les Langues anciennes et la Rhétorique, dans divers établissemens publics.

Député à la Convention nationale, par le département où il est né et où il a sa famille; et au Conseil des Cinq-Cents, par six autres Départemens de la république, il s'est particulièrement occupé dans le cours de ses fonctions de la conservation des Sciences et des Savans persécutés.

L'illustre LAVOISIER lui écrivait le 1er. septembre 1793.

» J'ai reçu avec une reconnaissance qu'il me
» serait difficile de vous exprimer l'expédition
» du décret que vous avez fait rendre, et que

A

"

» vous avez bien voulu m'adresser, j'en ai donné
» communication à quelques uns de mes an-
» ciens confrères qui partagent mes sentimens.
» Malheureusement les circonstances ne pa-
» raissent pas permettre de se servir de ce
» décret, et quelque important qu'il soit pour
» le travail des poids et mesures et pour la
» suite des autres objets, dont l'académie avait
» été chargée, elle ne pourrait pas s'en servir
» dans ce moment, *sans paraître lutter contre*
» *l'opinion dominante du Comité d'Instruction*
» *publique, et de la partie prépondérante*
» *de l'Assemblée.* Il est désolant de voir que
» les sciences qui faisaient en France, des pro-
» grès si rapides, et qui pouvaient contribuer
» d'une manière si efficace à la gloire et à la
» prospérité de la république, soient sacrifiées
» à des opinions exagérées, sur le danger des-
» qu'elles on s'éclairera trop tard. Nous sommes
» dans une position où il est également dan-
» gereux de faire quelque chose, et de ne rien
» faire. Recevez je vous prie les assurances de
» l'attachement que je vous ai voué pour tou-
» jours, etc. »

Le 22 Mai an 2, il écrivait :

» On ne peut pousser plus loin l'attention et
» la bonté. J'ai reçu les nouvelles preuves de
» votre zèle, pour le progrès des Sciences,
» et je vous renouvelle toute l'expression de

» ma reconnaissance, et de celle de l'académie ;
» on vous y attendait hier , pour vous faire
» des remercîmens bien mérités , etc. »

Le Célèbre VICQ-D'AZIR , lui écrivait le
13 juillet 1793.

» Vous êtes l'ami des Sciences et des Lettres, et
» l'appui de ceux qui les cultivent. Vous m'avez
» fait conserver mon logement au Louvre. Ce
» logement m'est très précieux , pour mes tra-
» vaux très étendus d'Anatomie comparée ; j'y
» prépare mes desseins et gravures , pour mon
» ouvrage *in-folio* , dont toutes les parties sont
» déposées et mises en ordre dans ce logement ;
» j'y fais couver et éclore diverses espèces
» d'Oiseaux , pour mes recherches sur la re-
» production des êtres : s'il m'eut fallu trans-
» porter toutes ces choses ailleurs , j'aurais vu
» tous mes travaux anéantis. Recevez donc , etc.

Le 12 Octobre , il écrivait :

» Vous êtes chargé de faire un Rapport sur les
» Académies. Je vous ai dit hier mon opinion
» dans toute l'intimité de l'amitié , permettez-
» moi encore quelques réflexions. Vous distin-
» guerez , sans-doute , les Académies purement
» littéraires , de celles qui sont destinées à hâter
» les progrès des Sciences. L'éxistence de celles-
» ci est évidemment un bienfait pour la nation.
» Comment en effet , exciterait-on sans elles,

» ce zèle de tous les instans, qui produit sans
» cesse et qui recueille toujours ? comment ob-
» tiendrait-on cette suite non interrompue d'ob-
» servations et d'expériences que les liaisons
» des savans entr'eux , et leurs correspondances
» entretenues et rendues constantes par les
» académies, font naître, perfectionnent et con-
» servent ? Une longue expérience n'a-t-elle
» pas prouvé que les sciences n'ont fleuri que
» là ou les académies ont veillé à leur avan-
» cement ? L'histoire offre les preuves de ces
» assertions : elle montre de grandes cités pri-
» vées d'une partie de leur fortune, et de toute
» leur gloire , par la seule destruction de ces
» établissemens , d'où elles tiraient tout leur
» éclat. La suite immense des travaux utiles ,
» recueillis et publiés depuis plus d'un siècle ,
» par l'Académie des Sciences de Paris , fait
» assez voir tout ce que peuvent ces institutions,
» pour le progrès des connaissances. On ré-
» pète sans cesse qu'il se formera de grands
» hommes sans les académies : oui sans-doute
» il s'en formera , mais ce qui n'existera pas
» sans elles, c'est cet esprit général de recherches
» et d'inventions , si propre à hâter les progrès
» des sciences et des arts ; c'est cette sur-
» veillance active qui met tout à profit ; c'est
» cette émulation qui féconde les talens ; c'est
» cette ardeur que rien n'arrête et qui avance

» toujours. Voilà le bien que les académies des
» sciences ont fait, et qu'elles peuvent faire
» encore. etc. »

Le vénérable DAUBENTON, lui écrivait le
9 mai 1793.

» Je vous doisbien des remercîmens de la promp-
» titude avec laquelle vous avez eu la bonté
» d'obtenir l'ordre du ministre que je vous ai prié
» de solliciter. Vous avez travaillé pour le ca-
» binet d'histoire naturelle que vous aimez. Vous
» me traitez d'une manière si obligeante que je
« ne puis vous en témoigner toute ma recon-
» naissance, vous êtes mon bon ange, etc. »

Le 13 aoust, il écrivait :

» J'ai grand besoin d'avoir un moment d'en-
» tretien avec vous , cependant je ne vous le
» demande que malgré moi , parceque vous
» me refusez absolument , les rendez-vous qui
» vous épargneraient la peine de venir me trou-
» ver. Je me soumets à votre volonté , et je
» remercie mon bon ange de la complaisance
» qu'il aura de venir au Jardin des Plantes, etc. «

Le 24 il écrivait :

» Les bontés dont vous m'avez comblé, m'en-
» hardissent à vous importuner souvent: voici

» une note par rapport aux leçons d'histoire
» naturelle de la chaire du College de france,
» que vous avez bien voulu faire transférer au
» muséum d'histoire naturelle , tant pour le
» bien de la science , que par égard pour mon
» âge. Je suis heureux de pouvoir encore sur
» mes vieux jours être utile à ma patrie! etc.

Le 3 Septembre il écrivait :

» J'ai grand besoin de vos conseils : mes af-
» faires vont mal au muséum, venez vite mon
» bon ange , etc.

Le 15 nivôse an 3 , il écrivait :

» Je vous dois de nouveaux remercîmens ,
» et je vous les fais avec la plus vive recon-
» naissance : votre bonté pour moi est inépui-
» sable. Vous venez de faire décréter que mon
» instruction pour les Bergers , serait réimpri-
» mée à mon profit, et en même tems vous
» faites toutes les démarches nécessaires, à la
» trésorerie , pour me faire payer ma rente
» viagère. Je crains de ne pas vivre assez long-
» tems , pour vous exprimer toute ma recon-
» naissance. etc.

On s'abstient de parler de la correspondance
avec les Savans encore vivans.

Dans les tems les plus orageux de la révolution, Lakanal a administré successivement avec des pouvoirs d'une grande étendue, la presque généralité des départemens de la république, SANS QU'UNE SEULE GOUTTE DE SANG AIT COULÉ.

Voici le précis de ses travaux, 1°. dans le sein des assemblées nationales, dont il a été membre. 2°. Dans le cours de son administration dans les départemens.

1°. TRAVAUX dans le sein des Assemblées Nationales.

Rapport et Projet de Décret, au nom du Comité d'instruction publique, sur l'Académie des Sciences de Paris
Adopté dans la séance du 14 aoust 1793.

— sur le Dictionnaire des Municipalités, commencé par l'assemblée Constituante.
Adopté dans la séance du 1er. juin 1793.

— sur l'organisation du Jardin des Plantes.
Adopté dans la séance du 10 juin 1793.

— sur le Concours a ouvrir pour la composition des Livres élémentaires.
Adopté dans la séance du 13 juin 1793.

— sur l'Ecole Militaire de Brienne.
Adopté dans la séance du 21 juin 1793.

— sur les Contrefacteurs et Débitans d'Éditions contrefaites.

A 5

Adopté , séance du 19 juillet 1793.

— sur la Police des Spectacles.
Adopté séance du 1er. septembre 1793.

— sur le Collège de St.-Martial de Toulouse.
Adopté , séance du 21 juin 1793.

— sur les Écoles Militaires.
Adopté séance du 19 juin 1793.

— sur l'Observatoire de Paris.
Adopté séance du 31 aoust 1793.

— sur les moyens d'agrandissement du Jardin
des Plantes , et du Cabinet d'Histoire Naturelle.
Adopté séance du 26 mai 1793.

— sur l'Établissement des Sourds-Muets.
Adopté , séance du 29 juin 1793.

— sur la Bibliographie.
Adopté , séance du 28 juin 1793.

— sur le 10 Aoust.
Adopté séance du 28 germinal an 2.

— sur l'organisation de la Commission exécu-
tive d'Instruction publique.
Adopté , séance du 1er. vendémiaire an 3.

— sur les Mémoires de Gretry sur la Musique.
Adopté séance du 1er. vendémiaire an 3.

— sur le Télégraphe, au nom de la Commission

chargée des expériences préliminaires , sur une ligne de correspondance assez longue , pour obtenir des résultats con-cluans.

Adopté séance du 25 juillet 1793.

— sur le Concours ouvert , pour déterminer l'organisation la plus simple et la moins dispendieuse à donner aux ouvrages d'horlogerie , destinés à mesurer , ensemble ou séparément, les différentes parties du jour , d'après le nouveau système horaire.

Adopté séance du 4 fructidor an 3.

— sur les honneurs à décerner à Joseph Sauveur, assassiné dans l'exercice de ses fonctions.

Adopté séance du 19 fructidor an 3.

— sur le Lycée des Arts.

Adopté , séance du 4 vendemiaire an 4.

— sur les honneurs publics, à décerner à J. J. Rousseau.

Ce projet est adopté , séance du 29 fructidor et envoyé avec le rapport , à la République de Genève.

— sur les Ouvrages inédits de J. J. Rousseau
Adopté séance du 6 vendemiaire an 3.

— sur l'établissement de l'Ecole Normale.

Adopté séance du 3 brumaire an 3.

— sur les Ouvrages d'Agriculture , de Daubenton.

Adopté séance du 14 nivose an 3.

— sur l'organisation des Ecoles Centrales.

Adopté séance du 8 ventose an 3.

— sur leur Placement.

Adopté séance du 12 ventose an 3.

— sur l'établissement d'une Ecole de Langues vivantes , commerciales et diplomatiques. à la Bibliothèque nationale.

Adopté séance du 11 germinal , an 3.

— sur le Dictionnaire inédit de l'Académie française.

Adopté séance du 30 fructidor an 3.

— deuxième Rapport sur le Lycée des Arts.

Adopté séance du 4 vendémiaire an 4.

— sur l'ordre des intercalations dans le Calendrier.

Adopté séance du 5e. jour complémentaire an 3

— sur les Livres élémentaires.

Adopté séance du 14 brumaire an 4.

— sur l'Institut national , au nom de la commission chargée de l'examen de ses Réglemens.

Adopté , séance du 19 pluviose an 4.

— sur la Publicité des séances de l'Institut.
Adopté séance du 7 floréal an 4.

— sur l'Observatoire de Lacaille , au Collège
des Quatre-Nations.
Adopté séance du 17 germinal an 4.

2º MISSIONS dans les Départemens.

1º. *Mission dans les Départemens de Seine
et Marne et de l'Oise, pour la levée extraordinaire de trois cent mille hommes.*

C'est dans le cours de cette mission que J.
Lakanal sauva de la proscription, dont ils al-
laient être les victimes , deux Hommes placés
aujourd'hui dans des postes éminens. Cet acte
de justice , blâmé par les Comités de Gouvernement , attira de longues mortifications à son
auteur.

Plusieurs fois depuis J. Lakanal a sauvé au
prix de son repos , et au péril de sa vie des
hommes utiles et proscrits. Nous citerons le
Cit. Sicard , Instituteur des Sourds-Muets , et
sans entrer dans aucun détail , nous nous bor-
nerons à rappeler le commencement de sa lettre
à Lakanal , en apprenant le service capital qu'il
en avait reçu.

» Quel ami vous êtes ! qu'il est doux d'être
» aimé de vous ! etc. »

2º *Mission pour la levée extraordinaire , l'équi-*

pement et l'encadrement de la Cavalerie, dans les Départemens de la Dordogne, du Lot, Lot et Garonne et Gironde.

COMPTE rendu séance du 7 nivose an 2.

Citoyens Représentans. Il existe à Bergerac un Dépôt de Deux mille Chevaux, d'un grand nombre d'Armes et d'objets d'équipement, que j'y ai réunis. Je présenterai au Comité de la Guerre, un plan détaillé de mes opérations dans le cours de ma mission ; mais je ne puis pas me défendre de dire publiquement à cette tribune, que les Citoyens des quatre Départemens où vous m'avez délégué, se sont disputé l'honneur de faire des sacrifices à la patrie ; tous ont consacré leurs travaux à des ouvrages utiles à l'armée. Les Ouvriers ont refusé leur salaire. Les citoyens fortunés ont donné gratuitement leurs chevaux et leurs armes. Dans ces contrées la révolution est faite au fond des ames, on n'y fait pas beaucoup de bruit, mais on y fait beaucoup de bien. Comme ces détails ne peuvent être entendus par nos ennemis qu'avec inquiétude, j'en demande l'insertion au Bulletin de l'assemblée nationale, avec une mention honorable du civisme des Départemens que je viens de parcourir par vos ordres.

Cette proposition est adoptée.

3°. *Mission pour l'établissement d'une manufacture d'armes à Bergerac.*

Compte rendu séance du 23 messidor , an 2.

Citoyens Représentans. Vous avez décrété l'établissement d'une manufacture d'armes à Bergerac et vous m'avez chargé d'en diriger les travaux. Vôtre décrèt est entièrement exécuté. Je vous envoye les premiers fusils confectionnés dans ce nouvel établissement, tous pourroient servir de modèle : je joins à cet envoi le plan topographique des usines. En improvisant en quelque sorte ces travaux importans j'ai concilié la célérité de l'éxécution , avec la solidité des bâtimens : *trois mille trois cent vingt toises d'ouvrage en pierre de taille la majeure partie plongée dans les eaux ont été construites en deux mois :* toutes les usines faites , toutes les machines placées. Les Canonniers , les Platineurs , les Monteurs , les Forgeurs de bayonnettes etc. réunis en École nationale ont été formés dans le même tems , et leur travail ne le cède en rien à celui des meilleurs Artistes. La fabrication montée dans ce moment sur le pied de vingt mille fusils par an , sera portée dans trois mois à trente mille si la convention ne dirige pas vers un nouveau but les efforts que je ne cesserai jamais de faire pour servir la République.

4°. *Mission pour la réparation des chemins.*

Compte rendu séance du 9 fructidor, an 2.

Citoyens Représentans. Les routes qui coupent le département de la Dordogne étaient dans un délabrement déplorable. Le commerce languissait. Les défenseurs de la patrie usaient dans les fatigues des voyages ces forces qui commandent à la victoire. Les formes routinières pour la réfection des grands chemins étaient insuffisantes. J'ai dit aux habitans de la Dordogne; levons-nous en famille et improvisons les grands chemins. La bêche nourricière à la main je marcherai à vôtre tête. Les femmes et les enfans chargeront les brouettes : les vieillards encourageront les travailleurs par leurs suffrages : nous honorerons le travail, nous consacrerons l'égalité. Ici point d'exception la patrie met en faction tous les citoyens : j'ai été entendu. . . . . . voici le résumé général des travaux qui m'est fourni par les quatres ingénieurs du département ; ce résumé est fait d'après les notes prises le plus exactement possible et des calculs faits de même. Pendant les trois jours de la fête de l'égalité il a été reparé sur les grandes routes ouvertes dans le département de la Dordogne . *cent soixante quatre mille trois cent soixante six toises estimées* d'après le prix commun la somme de *trois cent dix huit mille huit cent vingt-livres.*

N. B. C'est en absorbant dans des travaux

publics l'effervescence des départemens que j'ai administrés dans les tems les plus difficiles de la révolution que j'ai empêché l'effusion du sang. IL N'EN A PAS COULÉ UNE GOUTTE.

5°. *Mission pour l'extinction des procès.*

Compte rendu par les citoyens du département de la Dordogne, séance du 30 germinal, an 2.

Citoyens Représentans. La chicane en dévorant les habitans de nos campagnes divisait les familles et y portait la désolation. Le Représentant Lakanal voulant détruire ce monstre sans entrailles a fait publier que l'intention du gouvernement et la sienne étaient qu'à une époque déterminée tous les procès fussent terminés ou mis en arbitrage. La chicane fit semblant d'applaudir à une mesure si sage tout en insinuant cependant que l'exécution d'un pareil arrêté était impossible ; mais des commissions de citoyens probes et éclairés pris dans le sein des sociétés populaires ont lévé tous les obstacles en terminant tous les procès par arbitrage et même par des cotisations pécuniaires. Alors la haine et la discorde ont fait place à la paix et à l'union et les seuls vieux Plaideurs ont seché de douleur. Comme l'arrêté du Représentant Lakanal a opéré un prodige dans ce genre, nous vous prions, Citoyens Représentans, d'étendre cette mesure a toute la République, pour que la terre de la liberté soit un séjour de paix.

N. B. C'est en dirigeant vers un but utile les sociétés populaires que J. Lakanal les a empêchées de devenir des instrumens de mort.

6º. *Mission pour les expériences du Télégraphe.*

Extrait du compte rendu dans la séance du 27 Juillet, 1793.

Pour obtenir des résultats concluans vos commissaires accompagnés de plusieurs savans et artistes célèbres , ont fait l'expérience du procédé de *Chappe*, sur une ligne de correspondance de neuf lieues de longueur. Les postes d'observation étaient placés à Menil-montant, à Ecouen et à St. Martin du Tertre , voici le résultat de l'expérience faite le 12 de ce mois. Nous occupions nôtre collégue *Arbogast* et moi le poste de St. Martin du Tertre : notre collégue *Daunou* , était placé à celui de Menil-montant. A 4 heures nous arborames le signal d'activité. Le postes de Menil - montant nous transmit en dix minutes la dépêche suivante. « *Daunou* est arrivé ici : il annonce que la convention nationale , vient d'autoriser son comité de sureté générale à apposer les scellés sur les papiers des représentans du peuple. » Le poste de St. Fargeau reçut de nous en neuf minutes, la lettre suivante » les habitans de cette belle contrée sont dignes de la liberté par leur respect pour les lois, leur amour pour la République

leur haine pour les tyrans de toute espèce »
nous continuames cette correspondance long-
tems et avec un plein succès. Dans les dépêches
il se glisse quelquefois des erreurs par le peu
d'attention ou l'inexpérience des agens; la mé-
thode tachigraphique de *Chappe* offre un moyen
sur et rapide de rectification. Il est souvent
essentiel de cacher aux observateurs intermé-
diaires , placés sur la ligne de corespondance
le sens des dépêches. *Chappe* est parvenu à n'i-
nitier dans le secret que les agens stationnaires
placés aux deux extrémités de la ligne de correspondance. Le tems employé pour la trans-
mission et la revision de chaque signal d'un
poste à l'autre peut-être évalué , en prenant
le terme moyen, à 20 secondes : ainsi dans 13
minutes 40 secondes on peut transmettre une
dépêche ordinaire de Paris à Valenciennes. Le
prix de chaque machine , en y comprenant les
appareils de nuit, peut monter à six mille livres:
d'où il résulte qu'avec une somme de quatre-
vingt mille livres on peut réaliser un pareil
établissement de Paris aux frontières du Nord
et en déduisant de cette somme le montant des
lunettes acromatiques et des pendules à secondes
que le gouvernement possède , la dépense est
réduite à cinquante mille quatre cent livres,

7° *Mission pour l'organisation des Écoles
Centrales dans dix-neuf Départemens de la
République.*

8°. *Mission pour les Écoles Normales.*

9°. *Mission pour l'organisation des Départe-mens de la rive gauche du Rhin.*

On se bornera à transcrire la lettre du ministre de la Justice *Cambacérès* qui accompagnait l'acte de rappel.

» Je vous transmets, citoyen Commissaire, un
» arrêté des Consuls qui, en vous appelant à d'au-
» tres fonctions vous donne pour successeur le
» citoyen Dubois - Dubais. Les termes dans les-
» quels cet arrêté est conçu et l'intention forte-
» ment prononcée des Consuls à votre égard ne
» permettent pas de se méprendre sur le véritable
» sens de cet arrêté: c'est un simple changement
» de destination que les Consuls ont voulu opérer;
» à votre retour à Paris, je vous donnerai à cet
» égard tous les détails que vous pourrez desirer;
» seulement je me borne à vous dire, que les Con-
» suls sont satisfaits du zèle qui vous a dirigé dans
» tous vos travaux et qu'ils se proposent d'utiliser
» vos services dont ils connaissent tout le prix.
» En attendant, je vous invite à continuer vos fonc-
» tions jusqu'à l'arrivée de votre successeur auquel
» vous voudrez bien donner tous les renseigne-
» mens qu'un séjour de 4 mois vous a mis à portée
» d'acquérir.

Signé *Cambacérès.*

Peu de tems après J. Lakanal reçut la lettre suivante du premier Consul.

» Les services importans que vous avez rendus à
« la chose publique , vous mériteront dans tous
« les tems des droits à l'estime des hommes ; vous
« pouvez compter sur le desir que j'ai de vous en
« donner des preuves. »

Signé BONAPARTE.

Dans le cours de cette importante mission, où J. Lakanal a obtenu l'estime de tous les gens de bien et la haine de tous les dilapidateurs de la fortune publique, il a par son courage sauvé Mayence le boulevard des départemens Cis-Rhénans. Le prince Charles à la tête de trente mille hommes venait de débloquer Philisbourg, de prendre Manheim et marchait sur Mayence qui se trouvait sans approvisionnemens, sans Troupes, sans Général. Les fonctionnaires Civils vinrent déclarer à J. Lakanal qu'il ne leur restait que vingt-quatre heures pour opérer leur retraite sur Deux-Ponts, J. Lakanal répondit :

Les lâches peuvent fuir : mon devoir est de sauver la place : Je reste.

Ecarté par le sort , du conseil des cinq-cents, en l'an 5 , J. Lakanal a été nommé deux fois dans la même session du corps électoral de Seine et Oise; il a refusé pour vivre et méditer dans la retraite. Le résultat de ses travaux est un cours d'économie politique en 2 vol. d'après le système de *Smith* et de *Stewart*, et 1 vol. de notes qui mettent les opérations de cette science à la portée de tout lecteur attentif.

En terminant cette notice, on doit observer pour entrer dans les vues de J. Lakanal 1°. Que le discours qui précède la loi d'organisation de l'École normale, est du citoyen Garat. 2°. Que le citoyen Ginguené a fourni des notes pour le rapport sur J.-J. Rousseau.

Avec la même franchise on dira 1°. Que J. Lakanal a redigé en grande partie le projèt d'organisation de la Bibliothèque nationale, calqué sur celle du Jardin des Plantes 2°. Le projèt d'organisation du bureau de longitudes : le citoyen Grégoire a bien voulu en l'absence de J. Lakanal, faire adopter ce projet, en en développant les dispositions dans un excellent rapport.

J. LAKANAL est agé de 38 ans.

<hr>

De l'Imprimerie de BOULARD, Petite rue Saint-Louis, St.-Honoré, 547.

www.ingramcontent.com/pod-product-compliance
Lightning Source LLC
Chambersburg PA
CBHW051257050726